Bibliografische Information der Deutschen Nationalbibliothek:

Die Deutsche Bibliothek verzeichnet diese Publikation in der Deutschen Nationalbibliografie; detaillierte bibliografische Daten sind im Internet über http://dnb.d-nb.de/ abrufbar.

Impressum:

Druck und Bindung: Books on Demand GmbH, Norderstedt Germany
ISBN: 9783346089823

Dieses Buch bei GRIN:

https://www.grin.com/document/509382

Ismail Marksteiner

Salafismus in den Golfstaaten

Eine Analyse der Situationen in Kuwait, Bahrain und Katar

GRIN Verlag

Salafismus in den kleinen Golfstaaten. Kuwait – Bahrain – Katar

Ismail Marksteiner

Arabistik

Islamwissenschaftliches Seminar

SS 2019

Inhaltsverzeichnis

1 Einführung

Seit dem 11. September 2001 ist der Salafismus in der Weltagenda ein aktuelles Thema, das in den Medien immer wieder vorkommt. Als islamische Strömung unter den Sunniten hat sich der Salafismus mit seinen verschiedenen Zweigen neben den Golfstaaten in vielen islamischen und nicht-islamischen Ländern verbreitet und steht aus verschiedenen Gründen oft in der Kritik. Unterschiedliche Definitionen, Verallgemeinerungen, sich zum Teil gegenseitig bekämpfende Untergruppen und unterschiedliche Positionierungen, etwa gegenüber dem Staat, führen oft dazu, dass man beim Thema Salafismus den Überblick verlieren kann. Was der Salafismus wirklich ist, wird etwa bei Salafisten anders definiert als bei ihren Gegnern.

Auch wenn Salafisten sich gerne direkt auf den Propheten Muḥammad (571-632) und seinen Gefährten beziehen, ist die Grundlage des Salafismus viel später von Ibn Taymiyya (1263-1328) als Reaktion[1] und Widerstand gegen die religiösen Neuerungen, meist durch Schiitentum und Sufismus, oder gegen die Philosophie der *Aš'arī*-Denkschule, aber auch gegen die Fremdherrschaft der Mongolen entstanden. Es strebte die Rückbesinnung auf die Frommen Altvorderen[2] und die Praktizierung der Religion an ihrem Beispiel.[3] Als solche wurde seine Sicht später von Muḥammad b. ʿAbd al-Wahhāb (1703-1792) mit der Hilfe Muḥammad b. Saʿūd (1700-1765) auf der arabischen Halbinsel wiederbelebt und fortgesetzt – und zwar erneut gegen Sufismus, gegen die *Aš'arī*-Denkschule, die im Osmanischem Reich in den arabischen Ländern verbreitet waren, sowie gegen Schiiten, die auf der arabischen Halbinsel auch präsent waren sowie im Irak.

Mit der Gründung Saudi-Arabiens Anfang des 20. Jahrhunderts wurde der Salafismus bzw. Wahhabismus[4] zur staatlichen Ideologie, deren Verbreitung auf der ganzen Welt zum Staatsziel geworden ist. Neben Saudi-Arabien werden auch anderen Golfstaaten als die größten Unterstützer dieser Strömung gezählt. Nach der Unabhängigkeit der Golfstaaten in den 1960er und 1970er Jahren, wurde die salafistische Bewegungen in

[1] Vgl. Hafez: *Islamisch-politische Denker*, S. 65ff.
[2] *as-Salaf aṣ-ṣāliḥ*, gemeint sind die drei Generationen nach dem Propheten Muḥammad.
[3] Vgl. Murtaza: *Mohammeds Erben*, https://www.zeit.de/autoren/S/Muhammad_Sameer-Murtaza/index, Zugriff: 08.09.2019.
[4] Siehe Kapitel über die Entstehung des Wahhabismus auf der Arabischen Halbinsel.

diesen Staaten immer aktiver und sichtbarer. Die Herrscherdynastien, obwohl sie sich nicht offiziell zum Wahhabismus bekannten (außer in Katar), haben diese Entwicklung zugelassen und zeitweilig sogar unterstützt. Hier muss man aber festhalten, dass die Gründe dieser Entwicklungen und staatlichen Unterstützung lokale, meist innenpolitische Umstände als Hintergrund hatten, welche sich von der Entwicklung in Saudi-Arabien unterscheiden.

In meiner Arbeit werde ich eben diese unterschiedlichen Gründe für die staatlichen Unterstützung des Salafismus bzw. Wahhabismus am Golf darstellen, sowie einige Stationen in der Geschichte dieser Strömung, die Untergruppen des Salafismus und ihrer internen Differenzen.

Meine Arbeit erfasst ferner die kleinen Staaten des Arabischen Golfes, also Kuwait, Katar und Bahrain, die allesamt neben Saudi-Arabien auch Mitgliedstaaten des Golf-kooperationsrats sind. Saudi-Arabien selbst wird nicht behandelt, wird aber aus historischen Gründen über Ursprünge des Wahhabismus angesprochen werden.

2 Einige Grundlagen zum Salafismus

Wenn man sich mit dem Thema Salafismus beschäftigt, fällt auf, dass man es nicht mit einer einzelnen homogenen religiösen Gruppe oder Denkrichtung zu tun hat, sondern mit mehreren, in ihren Haltungen zu bestimmten Themen zum Teil gegensätzlichen Gruppen.

Als Salafisten werden sowohl Gelehrte wie Ǧamāl ad-Dīn al-Afġānī, Muḥammad ʿAbduh und Rašīd Riḍā beschrieben, sowie auch Muḥammad b. ʿAbd al-Wahhāb und seine Gefolgschaft bezeichnet. Bei al-Afġānī handelt es sich um „modernistische Salafismus", bei Muḥammad b. ʿAbd al-Wahhāb[5] hingegen hat man es mit einem „Neo-Salafismus"[6] zu tun, auch „literarischer Salafismus"[7] genannt. Beide Gruppierungen beziehen sich wie schon erwähnt auf die „Frommen Altvorderen". Das heißt sie

[5] Nach ihm wird der Wahhabismus genannt.
[6] Vgl. Lohlker: *Salafismus als Teil der Globalgeschichte*, S. 145ff.
[7] *as-Salafiyya an-naṣṣiyya.*

akzeptieren nur *Qur'ān* und *Ḥadīṯe*[8], welche von diesen überliefert wurden und kommen hinsichtlich religiöser Themen nur mit diesen aus. Alles andere was etwa Sufis, Gelehrte von Rechtschulen oder Philosophen später „hinzugefügt“ haben, betrachten sie als abzulehnende religiöse Neuerungen und Erfindung und sind daher inakzeptabel, weil sie nicht einer direkten Offenbarung entspringen. Trotzdem sind Methoden und Ziele beider genannter salafistischer Strömungen unterschiedlich.

Der Islamwissenschaftler Muhammad Sameer Murtaza beschreibt den modernistischen Salafismus folgendermaßen:

> „Auch sie wollten die Orthodoxie überwinden, indem sie sich auf die Frühgemeinde[9] bezogen, ohne aber diese Zeit zu einem goldenen Zeitalter zu verklären. (...) Sie hofften, durch die Inhalte des Korans selbst die muslimische Gesellschaft modernisieren zu können. Anders als die Wahhabiten räumten sie der Vernunft dabei einen großen Stellenwert ein. (...) Ein zeitgenössisches Islamverständnis müsse sich der Humanität und dem Allgemeinwohl verpflichtet fühlen, da die Religion für den Menschen da sei. Damit waren diese Denker für Themen wie Menschenrechte, Säkularisierung, Feminismus und Demokratie aufgeschlossen.“[10]

Der Vernunft also wird bei modernistischen Salafisten eine wichtige Rolle zugesprochen. Das Verständnis vom Islam soll modernisiert werden, in dem man sich bei religiösen Fragen einem erneuerten Denken hinwendet, sodass Humanität und das Allgemeinwohl in Vordergrund gestellt werden, die unkritische Nachahmung früherer Meinungen wird kritisiert.[11] Modernistische Salafisten folgen meist keine besondere Rechtschule und öffnen die Möglichkeit jeder Person Rechtsgutachten (*Fatwā*) zu erteilen, wenn sie über das dafür benötigte Wissen verfügt. Gegenüber modernen Werten wie Menschenrechte, Demokratie und Säkularisierung vertreten sie eine offenere Haltung als Neo-Salafisten, welche ebendiese Werte als Produkt einer europäischen Entwicklung sehen.

---

[8] Aussagen, Taten und stillschweigende Billigung durch den Propheten.
[9] Anm.: Gemeint sind die Frommen Altvorderen. bzw. die medinensische Prophetengemeinde.
[10] Murtaza: *Mohammeds Erben*, https://www.zeit.de/autoren/S/Muhammad_Sameer-Murtaza/index, Zugriff: 08.09.2019.
[11] Vgl. Lohlker: *Salafismus als Teil der Globalgeschichte*, S. 140.

Den literarischen Salafismus (Neo-Salafismus) erklärt Murtaza hingegen wie folgt:

> „In der Vorstellung der literarischen Salafija in Gestalt des Wahhabismus sind einzig der Koran und die mündlichen Überlieferungen[12] des Propheten Mohammed maßgeblich. Die Interpretation erfolgt "buchstabengetreu", also ohne das Hinzuziehen der misstrauisch beäugten Vernunft – vom Gottesdienst über die Kleidung bis zum Verhältnis zu anderen Menschen werden die Handlungen der Gläubigen festgelegt, das 7. Jahrhundert wird sakralisiert. Anderes Verhalten wird als Abweichung vom rechten Weg verurteilt."[13]

Neo-Salafisten bzw. literarische Salafisten interpretieren *Qur'ān* und *Ḥadīṯe* hauptsächlich äußerlich und wortgetreu. Laut ihnen stimmen *Qur'ān* und *Sunna* mit der menschlichen Vernunft überein beziehungsweise greifend korrigierend auf sie ein, denn fehlerfreie, unveränderliche göttliche Offenbarung steht ohne Frage über fehleranfälligen und sich verändernden menschlichen Verstand. Die Grundlage hierfür lautet: Die Überlieferung[14] steht über dem Verstand.[15] Daher werden etwa Demokratie oder Säkularisierung als mit dem Islam in Widerspruch stehende Systeme nicht göttlichen Ursprungs angesehen.[16] Von glaubensinhaltlichen Themen her sind sie besonders vom bereits genannten Gelehrten Ibn Taymiyya inspiriert, von der Rechtschule her folgen sie dem Gelehrten Aḥmad b. Ḥanbal (780-855). Abweichende Denkrichtungen wie *Aš'arīya* oder *Māturīdiyya*, die zur Zeit des Osmanischen Reiches und auch heute etwa in der Türkei oder in Ägypten vorherrschend waren und sind, lehnen sie ab, weil das Philosophieren über glaubensinhaltliche Themen etwas ist, was die Frommen Altvorderen, deren Beispiel zu folgen ist, nicht gemacht haben. Die Gründer der vier großen Rechtschulen werden von den Neo-Salafisten jedoch allesamt als Gelehrten anerkannt und respektiert[17], Aḥmad b. Ḥanbal verdient jedoch besonderen Respekt und seine Rechtschule eher befolgt, weil er zum einen ein *Ḥadīṯ*-Spezialist war

---

[12] Anm.: *Sunna* bzw. die *Ḥadīṯe*.

[13] Murtaza: *Mohammeds Erben*, https://www.zeit.de/autoren/S/Muhammad_Sameer-Murtaza/index, Zugriff: 08.09.2019.

[14] Gemeint ist die überlieferte Offenbarung, welche aus *Qur'ān* und *Sunna* besteht.

[15] Vgl. O. V.: *'Aqīdatu 'ahlu s-sunnati wa l-ǧamā'ati*, http://www.saaid.net/feraq/mthahb/0.htm, Zugriff: 09.09.2019.

[16] Vgl. al-Munaǧǧid: *Ḥukmu d-dīmuqrāṭiyya*, https://islamqa.info/ar/answers/107166/حكم-الديمقراطية-والانتخابات-والعمل-في-انظمتها, Zugriff: 09.09.2019.

[17] Vgl. Bin Bāz: *ṣiḥḥatu l-maḏāhibi l-'arba'a*, https://binbaz.org.sa/fatwas/6967/صحة-المذاهب-الاربعة-وتاريخ-نشاتها, Zugriff: 09.09.2019.

und zum anderen sich streng gegen das Philosophieren bei glaubensinhaltlichen Themen ausgedrückt hat.[18]

Mit der Gründung Saudi-Arabiens 1932 erlebte der Neo-Salafismus sein Goldenes Zeitalter und blieb bis weit in die zweite Hälfte des 20. Jahrhunderts eine mehr oder weniger einheitliche Bewegung. Dies nahm mit den Auseinandersetzungen zwischen den Gelehrten im Zusammenhang mit dem 2. Golfkrieg (1990/91) ein Ende. Es spielten hier aber auch andere Faktoren eine Rolle; so ist auch von einem Generationenkonflikt die Rede, welcher durch die Auswanderung von Muslimbrüder und deren politischer Ansichten nach Saudi-Arabien verursacht wurde. Fortan teilte sich der Salafismus in drei Hauptgruppen, die allesamt in den Golfstaaten aktiv waren und immer noch sind. Hierzu kommen wir wieder im übernächsten Kapitel zu sprechen, nachdem zuerst ein historischer Überblick über die Entstehung des Salafismus bzw. Neo-Salafismus auf der Arabischen Halbinsel kurz präsentiert wird.

3 Entstehung des Wahhabismus auf der Arabischen Halbinsel

3.1 Zur Person Muḥammad b. ʿAbd al-Wahhāb

Muḥammad b. ʿAbd al-Wahhāb kam im Jahr 1703 in Naǧd, im Zentrum der Arabischen Halbinsel, auf die Welt und wuchs in einer ḥanbalitischen Gelehrtenfamilie auf. Mit zehn Jahren lernte er den *Qurʾān* auswendig und durch seinen Vater spezialisierte er sich im ḥanbalitischen Recht. In seiner Jugend reiste er nach Mekka und in andere Städte, die unter osmanischer Herrschaft waren, aber auch nach Iran und Indien. Während seiner Reisen lernte er viele Gelehrten kennen und vertiefte sein Wissen. 1738 kehrte er nach Naǧd zurück und begann gemeinsam mit seinem Vater, der ein ḥanbalitischer Richter war, die Bevölkerung zu unterrichten. Dabei bemerkte er, dass die Menschen einen völlig anderen Islam lebten, als den, den er unterrichtete. Viele Erfindungen und Erneuerungen im Namen der Religion waren im alltäglichen Leben der Bevölkerung verankert, die zur Zeit des Frommen Altvorderen nicht vorkamen. In dieser Zeit verfasste er sein berühmtes Werk Kitāb at-tawḥīd (Buch über den

[18] Vgl. Özervarli: *Selefiyye*, 400.

Monotheismus), welches sein Verständnis vom Islam beinhaltet. Ferner schrieb er Briefe an Stammesführer in Naǧd und Umgebung und rief sie zum wahren Islam auf. Dabei fand er sowohl Sympathisanten als auch Gegner und musste auch einen Mordversuch gegen sich erleben, weswegen er 1743 nach ʿUyayna zog, wo er durch Hilfe des Statthalters seine Lehren praktizieren und auch verbreiteten konnte. Als er aber das Grab eines Prophetengefährten ebnete, weil hier Heiligenkult betrieben wurde, kam es zu Unruhen. Dieses Ereignis hatte eine Welle der Entrüstung in der Region bewirkt und durch den Druck, den diverse Stammesführer auf den Statthalter von ʿUyayna ausgeübt hatten, musste er seine Unterstützung für Muḥammad b. ʿAbd al-Wahhāb zurücknehmen.

So musste Muḥammad b. ʿAbd al-Wahhāb schon 1744 nach ad-Dirʿiyya unter die Herrschaft von Muḥammad b. Saʿūd. Die Familie Āl Saʿūd stand nämlich in Konflikt mit einigen jener Stammesführer und unter den Brüdern von Muḥammad b. Saʿūd waren auch Sympathisanten von Muḥammad b. ʿAbd al-Wahhāb. Dem Stammesführer war klar, dass er mit der neuen Lehre in der Lage wäre seine Macht zu vergrößern. Muḥammad b. ʿAbd al-Wahhāb seinerseits wusste zu gut, dass er seine Lehren nur durch Hilfe eines Stammesführers verbreiten könne, weil das Stammeswesen auf der Arabischen Halbinsel stark ausgeprägt war und individuelle Bekehrungen im großen Stil kaum möglich bzw. nur unter Gelehrtenkreisen denkbar waren.

3.2 Bündnis zwischen Muḥammad b. ʿAbd al-Wahhāb und Āl Saʿūd

Das Bündnis, welches nun zwischen beiden Persönlichkeiten eingegangen wurde, bildete den Grundstein für den Ersten Saudischen Staat, welcher von 1744 bis 1818 existieren sollte.[19] Die Abmachung besagt, dass Muḥammad b. ʿAbd al-Wahhāb seinen neuen Beschützer nicht verlässt, anderseits dass finanzielle Gewinne, wie Beute oder Steuer, welche durch die Feldzüge gemacht würden, unter der Verfügung von Muḥammad b. Saʿūd stehen sollten.

Der Erste Saudische Staat, auch Emirat von ad-Dirʿiyya genannt, verbreitete sich durch das Anschließen weiterer Stämme rasant. Die von ihren Gegnern „Wahhabiten"

[19] Vgl. Kurşun: *Necid ve Ahsa'da Osmanli Hâkimiyeti,* S.23-29.

genannten riefen zuerst die Stammesführer zu ihrer Lehre des Islam auf und bekämpften sie, falls es zu einer Ablehnung kam.[20] So verbreitete sich das Herrschaftsgebiet der Saʿūd bzw. das Einflussgebiet von Muḥammad b. ʿAbd al-Wahhāb in alle vier Richtungen von Naǧd. Schüler und Anhänger strömten aus überall her nach ad-Dirʿiyya um das neue (alte) Verständnis vom Islam zu lernen und begleiteten die Truppen während der Feldzüge[21], um in eroberten Regionen die neuen Lehren zu verkünden. Einer der wichtigsten Punkte dieser Lehren war der Grundsatz des „Gebieten des Guten und Verbieten des Schlechten". Es handelt sich hierbei um einen allgemein anerkannten Grundsatz im Islam, der aber im Salafismus verstärkt als Kampfmittel gegen die in ihrer Sicht verbotene religiöse Neuerungen verwendet wird, welche ihrer Sicht nicht durch Offenbarung legitimiert wurden.[22]

3.3 Expansion unter Āl Saʿūd (1792-1813)

Nach dem Tod von Muḥammad b. Saʿūd (1765) folgte sein Sohn ʿAbd al-ʿAzīz b. Muḥammad an die Macht, der den Vormarsch noch konsequenter fortsetzte. Trotz der Gefahr, die seitens des osmanischen Reiches drohte, wagte er die Expansion Richtung Irak, dem Hiǧāz an der Küste zum Roten Meer mit Mekka und Medina, und al-Aḥsa', dem Gebiet im Südosten der Arabischen Halbinsel zu führen. Wir werden hier jedoch auf die Expansion Richtung Osten, also al-Aḥsa' und Kuwait, welches auf den Weg zum Irak ist, fokussieren.

Die Region von al-Aḥsa' war durch Seehandel im Arabischen Golf ein entwickeltes Gebiet und versorgte Naǧd mit fast alle seinen Bedürfnissen. 1792 konnte große Teile von al-Aḥsa' erobert werden, die angrenzende kleine Halbinsel Qaṭar geriet im Jahr 1793 unter die Herrschaft von Āl Saʿūd. In Qaṭar waren damals drei Stämme ansässig, die in unterschiedlichen Teilen der Halbinsel wohnten, darunter Āl Ḫalīfa, die

---

[20] Vgl. O.V: *Šaḥwatu s-sayṭarati*, https://midan.aljazeera.net/intellect/history/2018/9/25/-شهوة-السيطرة لماذا-حاول-السعوديون-احتلال-عمان, Zugriff 12.09.2019.

[21] Vgl. O.V.: *Ad-dawla as-su'ūdiyya al-'ūlā*, http://www.mokatel.com/openshare/Behoth/Atrikia51/Saudia1/sec06.doc_cvt.htm, Zugriff: 12.09.2019.

[22] Vgl. Kurşun: *Necid ve Ahsa'da Osmanli Hâkimiyeti*, S.23-29.

Herrscherfamilie des heutigen Bahrain[23], die sich gegen den wahhabitisch-saudischen Ansturm wehrte und nach Bahrain auswandern musste, welches sie früher von Qaṭar aus beherrschten.

Die Eroberung von al-Aḥsa‘ eröffnete den wahhabitischen Saudis auch den Weg Richtung Kūwaīt. Zwischen 1793 und 1795 wurde auch Kūwaīt angegriffen, konnte jedoch nicht erobert werden. Daraufhin wurde die Stadt befestigt und die in Kūwaīt (auch heute noch) herrschende Familie Āl Ṣabāḥ führte einen Vergeltungsfeldzug. Gleichzeitig gelang aber 1798 den saudischen Wahhabiten ein Sieg gegen osmanische Truppen in Nord-Aḥsa‘.

An dieser Stelle sei auch erwähnt, dass das britische Königsreich, durch seine East India Company bereits in Kuwait einen Hauptsitz hatte und von daher die „Unabhängigkeit“ Kuwaits, beziehungsweise die Abhängigkeit Kuwaits von der britischen Krone mitverteidigt hat.

Als 1797 die heutige Insel Bahrain vom Sultan von Masqaṭ (Oman) angegriffen und erobert wurde, wandte sich Āl Ḫalīfa an die eigentlich angefeindeten Āl Saʿūd um Beistand zu bitten. 1809 wurde die Insel mit wahhabitischen Truppen eingenommen, jedoch Āl Ḫalīfa nicht übergeben, man entschied sich die Insel selbst zu beherrschen.[24]

Nun wandten sich die Führer von Āl Ḫalīfa an alle umliegenden Mächte um die Wahhabiten aus der Insel zu vertreiben. So waren sie im Scheichtum Kūwaīt vorstellig, bei den Persern und sogar beim neuen Sultan von Masqaṭ, Sohn des damaligen Sultans, der die Insel eroberte. Durch ihre Unterstützung gelang es Āl Ḫalīfa wieder die Saudis zu vertreiben und die Kontrolle über die heutige Insel Bahrain zu erlangen.

Zu den Stämmen, die sich Āl Saʿūd anschlossen, gehörten auch manche sunnitischen Stämme an den so genannten „omanischen Küsten“[25], deren Beziehungen zum Herrscher über Masqaṭ und dortigen Stämmen angespannt waren, unter anderem, weil

---

[23] Mit dem Hinweis auf das „heutige“ Bahrain, wird darauf aufmerksam gemacht, dass die historische Bezeichnung „Baḥrayn“ ein viel größeres Gebiet umfasste, als den heutigen Inselstaat.

[24] Vgl. O.V.: *Ad-dawla as-su'ūdiyya al-'ūlā*, http://www.mokatel.com/openshare/Behoth/Atrikia51/Saudia1/sec06.doc_cvt.htm, Zugriff: 12.09.2019.

[25] Mit diesem Begriff werden ua. Gebiete der heutigen Vereinigten Arabischen Emirate verstanden.

sie einer anderen Strömung im Islam angehörten[26]. Die Unterwerfung weiterer Stämme an den omanischen Küsten erfolgte 1803 bis 1805, wobei sie sich verpflichteten das wahhabitische Verständnis vom Islam anzunehmen und zur Entrichtung der Pflichtalmosen an das saudische Emirat.

Ein weiterer Vorstoß in das Kerngebiet des omanischen Sultans konnte durch Tributzahlungen verhindert werden, sowie durch die Erlaubnis die wahhabitische Lehre vor Ort verkünden zu dürfen. 1806 wurde dieses Abkommen durch den neuen Sultan gekündigt und den Saudis der Krieg erklärt, welcher jedoch zugunsten letzterer endete. Als ein ehemals den Saudis loyaler Kriegsstamm die Seiten wechselte[27], versuchte Oman mit deren Hilfe die Wahhabiten abermals los zu werden, scheiterte erneut und dieser Waffengang endete damit, dass ihre Hauptstadt Masqaṭ erobert wurde – bis 1813 sollte Maskat unter saudisch-wahhabitischer Herrschaft bleiben.

3.4 Anmerkungen zu den Entwicklungen

Dass ein ehemals loyaler Stamm aufgrund von Unzufriedenheit materieller Natur leicht sein Bündnis kündigen, ja sogar die Seiten wechseln konnte, zeigt, dass die wahhabitische Lehre nicht ganz verinnerlicht wurde und vermutlich Macht und Reichtum eine größere Rolle spielten als theologische Überzeugungen. Kritiker sehen hier im Prinzip den Zustand vieler Stämme auf der arabischen Halbinsel: Für Āl Saʿūd ging es beim Wahhabismus um Macht und Reichtum, andere beduinischen Stämme waren mehr auf Kriegsbeute aus.

Die Entwicklungen zur Zeit des Ersten Saudischen Staates und auch jene des Zweiten Saudischen Staates (1824-1891) sind maßgebend für die Haltung der meisten Golfstaaten und Stämme gegenüber Wahhabismus bzw. Salafismus. Obwohl Wahhabismus mit seiner streng herrschertreuen Eigenschaft für die Monarchien vorteilhaft sein konnte, würde die offizielle Annahme dieser Lehre als Ergebenheit gegenüber dem saudischen Staat und den dortigen Gelehrtenzentren verstanden werden, daher ging man am Golf vorsichtig mit dieser Lehre und Bewegung um.

---

[26] *Ibāḍīyya.*
[27] Vgl. O.V: *Šaḥwatu s-sayṭarati*, https://midan.aljazeera.net/intellect/history/2018/9/25/شهوة-السيطرة-لماذا-حاول-السعوديون-احتلال-عمان, Zugriff 12.09.2019.

4 Hauptströmungen des Salafismus seit 1990

4.1 Traditioneller Salafismus – Wahhabismus

Die Bezeichnung Wahhabismus geht wie bereits erwähnt auf deren Gründer Muḥammad b. ʿAbd al-Wahhāb zurück, der die salafistische Bewegung im Osmanischen Reiches auf der Arabischen Halbinsel aufleben ließ. Die Begriffe Salafismus und Wahhabismus wurden Jahrzehnte lang als Synonyme verwendet – besonders im türkischen Raum.[28] Wobei die Anhänger von Muḥammad b. ʿAbd al-Wahhāb sich Salafisten nennen und den Begriff Wahhabiten ablehnen, weil sie sich nicht auf seine Person bezogen sehen wollen, sondern die „*salaf*", also den Frommen Altvorderen.

Anfang der 1990er Jahre kam es zu einer Spaltung in der salafistischen Strömung, so wurden nunmehr die Traditionellen als Wahhabiten oder Quietisten bezeichnet. Von daher könnte man sagen, dass im modernen Sprachgebrauch nicht alle Salafisten Wahhabiten, aber alle Wahhabiten Salafisten sind.[29]

Zu den wichtigsten Eigenschaften der Traditionellen bzw. Quietisten gehört die Konzentrierung auf die Verkündungstätigkeit zum Islam und der Abstand zur Politik. Politik sei eine weltliche Angelegenheit, die mit den ihr eigenen Kompromissen und Abmachungen, die Reinheit des Islams mindern würde,[30] und sei sowieso Aufgabe des Herrschers. Die Loyalität gegenüber dem Herrscher ist für Quietisten jedoch wichtig und eine Frage des obligatorischen Gehorsams auch im religiösen Verständnis. Hier meinen sie besonders Aḥmad b. Ḥanbal zu folgen, welcher der Auffassung war, dass der (politische oder bewaffnete) Widerstand gegenüber dem Herrscher überhaupt nicht erlaubt sei, auch wenn er ein Sünder oder vom richtigen Weg abgekommen ist.[31] Eigene politische Ansichten sind zwar erlaubt, sollen aber entweder im privaten Rahmen geäußert werden oder falls nötig und möglich in Form eines diskreten Ratschlags an die

---

[28] Vgl. Onat: *İslâm Ortak*, S.538.
[29] Vgl. Gharaibeh: *Wahhabiten und Salafisten*, https://www.dw.com/de/wahhabiten-und-salafisten-gleiche-basis-unterschiedliche-mittel/a-17304769, Zugriff: 09.09.2019.
[30] Vgl. Wagemakers: *Salafistische Strömungen*, S. 60.
[31] Vgl. Ibrāhīm: *as-Salafiyya al-ǧihādiyya,* S.13.

Herrscher herantragen werden,[32] andernfalls der Verdacht auf Stiftung von Unheil und Zwietracht unter der Bevölkerung sowie Auflehnung gegen die Obrigkeit vorliegen könnte. Bei einer Audioaufnahme sagte der renommierte Gelehrte Albānī in saudischen Diensten, dass man den Herrscher nur bei zwei Voraussetzung absetzen darf: Wenn er sich als nicht-Muslim erklärt und wenn die Lage bei seiner Absetzung nicht schlechter wird als unter seiner Herrschaft.

Die Traditionellen bzw. Quietisten werden wiederum selbst in drei Untergruppen unterteilt, je nach ihrer Haltung bezüglich des Abstands von der Politik und der Loyalität gegenüber dem Herrscher. So gibt es die Distanzierten mit einfacher Distanz gegenüber Politik ohne Unterstützung der politischen Linien des Herrschers. Dann gibt es die Loyalisten, die sich solange von politischen Stellungnahmen fernhalten bis sie aufgefordert werden den Herrscher aktiv zu unterstützen. Ferner gibt es die Propagandisten, die die aktive Loyalität zu einer politischen Obrigkeit, insbesondere dem saudischen Regime propagieren.[33]

Zu den wichtigsten Gelehrten der Quietisten sind der soeben erwähnte Muḥammad Nāṣir ad-Dīn al-Albāni, der zu den „Distanzierten" gehört, ʿAbd al-Azīz b. Bāz (gest. 1999) und Muḥammad b. Ṣāliḥ al-ʿUthaīmīn (gest. 2001) von den „Loyalisten" und Rabīʿ b. Hādi al-Madḫali (geb. 1931) von den „Propagandisten" zu nennen. Letzterer spielt in den gegenwärtigen arabischen Gegenrevolutionen eine wichtige Rolle, insbesondere im Jemen und in Libyen.[34]

4.2 Politischer Salafismus

Die zweite Hauptströmung der Salafisten nach 1990 ist der so genannte politische Salafismus und geht auf Entwicklungen zurück, die bereits einige Jahrzehnte zuvor ihren Anfang hatten. Die Koalition zwischen ʿAbd al-ʿAzīz b. Saʿūd und der Nachkommen von Muḥammad b. ʿAbd al-Wahhāb, die man später Āl aš-Šayḫ (Familie von *šayḫ* Muḥammad b. ʿAbd al-Wahhāb) nannte, setzte sich lange Zeit nach der

[32] Vgl. Wagemakers: *Salafistische Strömungen*, S. 60.
[33] Vgl. Wagemakers: *Salafistische Strömungen*, S. 60.
[34] Vgl. International Crisis Group: *Addressing the Rise of Libya's Madkhali-Salafis*, https://www.crisisgroup.org/middle-east-north-africa/north-africa/libya/addressing-rise-libyas-madkhali-salafis.

Gründung Saudi-Arabiens fort. Sowohl die Gelehrten, die zur Āl aš-Šayḫ-Dynastie gehörten aber auch andere Gelehrte, die in wahhabitischen Universitäten ausgebildet wurden, bildeten den religiösen Stützpfeiler in der Politik Saudi-Arabiens, sowohl nach Innen als auch nach Außen, vor allem aber in Bezug der Legitimation der saudischen Herrscherfamilie an der Spitze des Staates.

Im Jahr 1964 kam der Sohn von ʿAbd al-ʿAzīz b. Saʿūd, Fayṣal b. ʿAbd al-ʿAzīz, an die Macht. Er bewegte sich vielmehr wie ein islamischer König als ein wahhabitischer Anführer. Vor allem deswegen, weil er in den 60er und 70er Jahren Mitglieder der Muslimbruderschaft ins Land ließ, welche in Ägypten, Syrien und im Jemen von den dortigen säkularen Regimen verfolgt wurden. Die eingewanderten Muslimbrüder konnten in wichtigen Bildungseinrichtungen und Stellen des reichen Ölstaats arbeiten. So kam es zu einer Vermengung zwischen Gedanken der Muslimbrüder und des Wahhabismus, wobei das Ergebnis jenes war, dass junge Menschen aus Saudi-Arabien, welche sich bisher lediglich der Verbreitung des Islam (nach wahhabitischem Verständnis) widmeten nun einen politischen Islam kennenlernten, der ihnen zuvor unbekannt war. Diese „Eheschließung" von Wahhabismus und Muslimbrüderschaft, wie es auch in der Literatur bezeichnet wird, gilt als die Geburt der *ṣaḥwa*-Bewegung, also der Bewegung der Auferstehung bzw. Wiederauferstehung.[35]. In den 1980er Jahren machten saudische Gelehrte wie Salmān al-ʿAwda und Safar al-Ḥawālī mit ihren Ansichten zu politischen Themen auf sich aufmerksam. Sie gelten auch heute als die wichtigsten Vertreter der *ṣaḥwa*-Bewegung in Saudi-Arabien. In ihren Reden kritisierten sie den Absolutismus des Könighauses, verlangten mehr Mitsprache der Gelehrten in Regierungsangelegenheiten und weitere Islamisierung in der Gesetzgebung sowie im Lehrplan.

Der Höhepunkt ihrer Kritik war jedoch in die Golfkrise in den Jahren 1990/91, wo das saudische Herrscherhaus die Stationierung über einer halben Million nicht-muslimischer Truppen, die meisten davon US-amerikanische Soldaten, bewilligte und sodann mit ihnen für die Befreiung von Kuwait von der irakischen Besetzung in den Krieg zog. Das Herrscherhaus musste nun die Loyalisten unter den Salafisten

[35] Vgl. Büyükkara: *Suudi Arabistan'da Sahva*, https://www.aa.com.tr/tr/analiz-haber/suudi-arabistanda-sahve-seyhlerinin-tutuklanmasi-ne-anlama-geliyor/911197, Zugriff: 10.09.2019.

einschalten, um sich gegen die Kritik aus dem religiösen Establishment zu wehren und ihre Entscheidung rechtlich zu legitimieren. Der oberste Gelehrte Bin Bāz veröffentlichte hierzu eine Fatwa, worin der Hilfegesuch des Königs die Präsenz der amerikanischen Truppen durch eine Notsituation legitimiert sei.[36] Kritiker wie Salmān al-ʿAwda und Safar al-Ḥawālī wurden verhaftet. Diese Ereignisse führten zu einer tiefen Spaltung der Salafisten weltweit, da sich viele vom obersten Mufti Bin Bāz und seiner Fatwa distanzierten.

Dadurch kam es auch in den anderen Golfstaaten wie Kuwait zu Spannungen zwischen Salafisten. Als Anhänger der *ṣaḥwa*-Bewegung war ʿAbd al-Raḥmān ʿAbd al-Ḫāliq der erste Salafist weltweit, der sich für politische Engagement der Salafisten eingesetzt hatte und war der Gründer der kuwaitischen salafistischen Bewegung.[37] So wurde er aber aufgrund der Spannungen und seiner Haltungen aus dem „Verein für die Wiederbelebung des islamischen Erbguts"[38], den er 1981 mitgegründet hat gefeuert.[39]

So führte die Einwanderung der Muslimbrüderschaft nach Saudi-Arabien in den 1960er Jahren zu einer Veränderung der salafistischen Mentalität und aus königsloyalen und apolitischen Religionsverkündern wurden politisch agierende salafistische Aktionisten, welche öffentlich das Herrscherhaus zu kritisieren wagten und bereit waren dafür auch Gefängnis und Verfolgung in Kauf zu nehmen – nicht anders als es Muslimbrüdern in anderen Ländern seit Jahrzehnten erdulden mussten.

Diese politische Haltung der Salafisten verbreitete sich auch in andere Länder am Golf oder auch im Libanon oder in Ägypten.[40] Politik wurde als Instrument für die Umsetzung salafistischer Ideale entdeckt und aktiv geführt.

[36] Vgl. Bin Bāz: *Ḥukmu t-taškīki*, https://binbaz.org.sa/fatwas/1568/-حكم-التشكيك-بشان-الاستعانة-بغير المسلمين-في-قتال-طاغية-العراق, Zugriff: 10.10.2019.
[37] Vgl. Büyükkara: *Suudi Arabistan'da Sahva*, https://www.aa.com.tr/tr/analiz-haber/suudi-arabistanda-sahve-seyhlerinin-tutuklanmasi-ne-anlama-geliyor/911197, Zugriff: 10.09.2019.
[38] „جميعة إحياء التراث الإسلامي" - „*ǧamiyyatu ʾiḥyāʾi t-turāṯi l-ʾislāmī*"
[39] Mehr hierzu im Unterkapitel Kuwait.
[40] Vgl. Wagemakers: *Salafistische Strömungen*, S. 61.

4.3 Dschihadistischer Salafismus

Bei all der Kritik gegen das Herrscherhaus, welche zum Teil sehr stark war, stellten Salmān al-ʿAwda und Safar al-Ḥawālī aber seine Legitimität nie in Frage und sahen den saudischen Staat trotz falscher Entscheidungen und Entwicklungen als islamischen Staat und das Königshaus daher auch als legitime Autorität.[41]

Hinsichtlich des „Westens" wurde ihre Kritik aber umso schärfer und ins Bewusstsein ihrer Zuhörer und Leser gerückt. In vielen Schriften, die Safar al-Ḥawālī herausgegeben hat, wurden zionistische und westliche Mächte dämonisiert, als Kreuzritter bezeichnet und eine Vereinigung der Muslime gegen diese Bedrohung gefordert. Die Stationierung fremder (nicht-muslimischer) Truppen in Saudi-Arabien bezeichneten beide Gelehrte als Besetzung des Landes der Heiligen Stätten[42] (durch die USA). Zum Dschihad sagten sie, dass die muslimischen Gelehrten und die Muslime allgemein die Bedeutung des Dschihad vergessen hätten. Um die islamische Welt von ihrer jetzigen schlimmen Lage retten zu können, muss man den Dschihad sowohl politisch als auch bewaffnet, auf allen Ebenen führen.

Die in al-Ḥawālīs Büchern vorhandenen Aussagen über Westen und Dschihad machten später (1994-1999, während al-ʿAwda und al-Ḥawālī im Gefängnis waren)[43] die Argumentationen von Usāma b. Lādin und seine Gefolgschaft aus. Als Ḥawālī und al-ʿAwda freikamen, distanzierten sie sich jedoch von Usāma b. Lādin und seiner Qāʿida und missbilligten ihre Anschläge mit der Begründung, dass der „Dschihad", welchen Usāma b. Lādin führt, nicht islamisch sei, da der Dschihad in ihren Texten der klassische Dschihad sei.

An dieser Stelle sei Wagemakers zu zitieren, der versucht den Unterschied zwischen dem klassischen Dschihad und dem revolutionären bzw. globale Dschihad, den Usāma b. Lādin geführt hat, wie folgt zu erklären:

---

[41] Vgl. Büyükkara: *11 Eylül'le Derinleşen Ayrilik*, S. 218.
[42] Mekka und Medina.
[43] Vgl. Büyükkara: *11 Eylül'le Derinleşen Ayrilik*, S. 218.

> „Der klassische Jihad, eine zumeist defensive Form der Kriegsführung zwischen *dar al-Islam* (Gebiet des Islams) auf der einen und *dar al-harb* (Gebiet des Krieges) auf der anderen Seite; der revolutionäre Jihad, welcher aus der Exkommunizierung (*takfir*) des muslimischen Herrschers, aufgrund dessen angenommener Weigerung, islamische Gesetze (die Scharia) in Gänze anzuwenden, resultiert und dazu gedacht ist, den Umsturz von Regimen in der muslimischen Welt zu begründen; der globale Jihad, dessen Anhänger – am berühmtesten hiervon al-Qaida – danach streben, die USA und andere westliche Ziele zu attackieren, um diese Länder dazu zu bewegen, ihre Unterstützung für diktatorische und als vom Glauben abgefallene (Apostasie) Herrscher in der muslimischen Welt aufzugeben."[44]

Tatsächlich führte Usāma b. Lādin einen „Dschihad", der dem klassischen Verständnis von quietistischen und politischen Salafisten widersprach. Er warf vor, dass Saudi-Arabien in seinen Anfängen ein islamischer Staat war, diese Identität aber durch ihre Entfernung vom islamischen Gesetzt und durch die Kooperation mit Kreuzritter gegen andere Muslime verloren habe und somit vom Islam abgefallen sei.[45] Er rief die Muslime weltweit zum bewaffneten Dschihad gegen die feindlich gesinnten westlichen Staaten, sowie gegen deren Verbündete in den islamischen Ländern auf – gemeint sind die Herrscher dieser Länder.

Quietisten, die den König unterstützen, wie etwa der saudische Mufti Bin Bāz, stehen laut b. Lādin unter dessen Einfluss und können daher nicht als integre Gelehrte gelten. Für Usāma b. Lādin sind die echten Gelehrte diejenigen, die gegen die Feinde (allen voran die USA) den Dschihad befürworten und so wie einst Ibn Taymiyya das Volk für den Dschihad mobilisieren (damals gegen die Mongolen, heute gegen die USA). Dieser Beschreibung vom akzeptablen Gelehrten entsprach praktisch nur ein bekannter Gelehrter aus Saudi-Arabien, welchen er als „einer der größten Gelehrten" bezeichnete: Ḥamūd b. ʿUqlaʿ. Dieser unterstützte durch seine Rechtsgutachten Usāma b. Lādins Anschläge und Kriegsführung und blieb auch später eine wichtige Instanz für spätere Dschihadisten-Denker.

---

[44] Vgl. Wagemakers: *Salafistische Strömungen*, S. 63.
[45] Vgl. Büyükkara: *11 Eylül'le Derinleşen Ayrilik*, S. 218.

Wie die politischen Salafisten ist also auch der dschihadistische Salafismus unter anderem durch die *ṣaḥwa*-Bewegung beeinflusst worden. Bei den Dschihadisten spielen aber auch andere Persönlichkeiten außerhalb des salafistischen Spektrums eine Rolle, wie etwa der Ägypter Sayyid Quṭb (1906-1966)[46], der zum Vorreiter für militante islamistische Bewegungen gezählt wird.[47] Er war in der Auffassung, dass man nicht nur gegen die Kolonialherrschaft, sondern auch gegen ihre unislamischen Verbündeten, die in muslimischen Länder herrschen, Widerstand üben soll.

5 Salafismus nach der Unabhängigkeit der Golfstaaten bis heute.

In diesem Kapitel wollen wir uns den drei kleineren Golfstaaten widmen: Kuwait, Bahrain und Katar. Hierbei werden wir einige Besonderheiten der jeweiligen Entwicklung betrachten aber auf einige Besonderheiten kurz eingehen.

5.1 Kuwait

Auch wenn die Bevölkerung Kuwait das erste Mal mit dem Salafismus mit der Eroberung al-Aḥsaʻ während des ersten Saudischen Staates in Kontakt kam, lernten sie ihn erst durch ʻAbd al-Raḥmān ʻAbd al-Ḫāliq richtig kennen, der im Jahr 1966 aus Saudi-Arabien nach Kuwait kam. Er ist gebürtiger Ägypter und wanderte mit seinem Vater wegen der Verfolgung der Muslimbrüderschaft durch den ägyptischen Staat Ende der 50er Jahren nach Saudi-Arabien aus. Dort studierte er an der Islamischen Universität in Medina. Danach ging er nach Kuwait wo er als Schullehrer tätig war und gleichzeitig begann für die Verbreitung des Salafismus in Kuwait zu arbeiten. Dabei unterstützten ihn zwei jordanische Gleichgesinnte, nämlich ʻUmar und Muḥammad al-Ašqar.

Zusammen bereiteten sie die Basis für die salafistische Gemeinschaft in Kuwait vor, in dem sie in verschiedenen Moscheen und im traditionellen Diwān mit der Bevölkerung

---

[46] Vgl. Wagemakers: *Salafistische Strömungen*, S. 63.
[47] Vgl. Hafez: *Islamisch-politische Denker*, S.190.

trafen und über Salafismus sprachen, sodass schon im Jahr 1974 eine salafistische Gemeinschaft in Kuwait gebildet werden konnte. Sie schrieben damals auch in verschiedenen Zeitungen über religiöse Themen ohne bekanntzugeben welcher Gemeinschaft sie angehören.[48] Mithilfe der kuwaitischen Regierung und reiche Geschäftsmänner gründeten sie im Jahr 1981 den schon erwähnten „Verein für die Wiederbelebung des islamischen Erbguts" und waren auch im sozialen Bereich tätig. Im selben Jahr kandidierten zwei von ihnen erfolgreich für die Allgemeinwahlen in Kuwait. Der Aufstieg des Salafismus in Kuwait wurde vom Theologen Sulṭān Bāl auf folgende drei Faktoren zurückgeführt:[49]

1. Die reichen Geschäftsmänner, die sich mit den Ereignissen auf der sozialen und politischen Ebene beschäftigt haben, unterstützten die sozialen und politischen Aktivitäten der salafistischen Bewegung für die Umsetzung der Scharia in der Gesellschaft.

2. Die sozialistischen Bewegungen, die in den 1960er Jahren in der arabischen Welt populär waren, erlebte durch den verlorenen Sechs-Tage-Krieg gegen Israel 1967 einen herben Rückschlag zugunsten islamischer Bewegungen, wovon unter anderem auch der Salafismus profitierte.

3. Nach der „islamischen Revolution" in Iran (1979) wurde dem Herrscherhaus in Kuwait die potenzielle Kraft von islamischen Bewegungen bewusst. Durch Stärkung des Salafismus versuchte die Regierung die damals als potentielle Bedrohung angesehene Muslimbrüderschaft in Kuwait zu schwächen und unter Kontrolle zu halten.

Neben den Wohltätigkeiten und Verbreitung der salafistischen Lehren kümmerte sich der Verein wie erwähnt durch parlamentarische Arbeit auch mit Politik, was für die salafistische Strömung weltweit ein Novum war. ʿAbd al-Raḥmān ʿAbd al-Ḫāliq vertrat jedoch in seiner politischen Arbeit andere Ansichten als der Mainstream der Salafisten. Alles was er in seinem Buch „Muslime und politische Arbeit" schrieb, war neu für die Salafisten. Um die Scharia in der Gesellschaft umsetzen zu können, war er der

---

[48] Vgl. az-Zaydī: *At-tayyārāt as-siyāsiyya,* S. 277-280.
[49] Vgl. Bāl: *As-salafiyya al-kuwaytiyya*, https://carnegieendowment.org/sada/?fa=55530&lang=ar, Zugriff: 19.09.2019.

Auffassung, dass man politisch aktiv sein muss. Daher erlaubte er die Gründung von Vereinen und Parteien und die Teilnahme an der Demokratie als Mittel zum Zweck.

Über die Loyalität gegenüber dem Herrscher schrieb er gar nichts, ganz im Gegenteil sagte er, dass man sich von dem Herrscher nicht abhängig machen soll. Durch Vereine und Parteien soll man friedlich das Oppositionsrecht gegenüber dem Herrscher verwenden, ebenso wie durch das Publizieren von Artikel in Zeitungen oder Zeitschriften – 1989 wurde eine Zeitschrift als Parteiorgan ins Leben gerufen. Gewalt als Mittel für die Umsetzung der Ziele lehnte er ab und mit diesen Ansichten unterschied er sich sowohl von Quietisten als auch von Dschihadisten.

Zusätzlich noch zu den allgemeinen Wahlen, beteiligten sie sich auch bei Regional- und Universitätswahlen und konkurrierten somit mit der Muslimbrüderschaft in Kuwait. Bis 1990 blieb der Verein mit Ausnahme der Madḫalisten (Propagandisten) ein Dachverband für die gesamten Salafisten in Kuwait und dies vor allem deswegen, weil das Herrscherhaus den Verein unterstützte. Mit der Besetzung Kuwaits 1990 durch den Irak, bzw. nach der Befreiung Kuwaits 1991 gelang der Verein immer mehr unter Kontrolle der Quietisten, weil ʿAbd al-Raḥmān ʿAbd al-Ḫāliq, der ähnlich der *ṣaḥwa*-Bewegung in Saudi-Arabien gegen das saudische Hilfegesuch an die USA war und sich dadurch gegen das Herrscherhaus stellte. Der Konflikt gipfelte als ʿAbd Allāh as-Sabt, ehemals Schüler von ʿAbd al-Raḥmān ʿAbd al Ḫāliq, diesem vorwarf im Geheimen einen Aufstand gegen den Herrscher zu planen. ʿAbd al-Raḥmān ʿAbd al Ḫāliq und seine Gefolgschaft wurden wie eingangs schon vom „Verein für die Wiederbelebung des islamischen Erbguts" ausgeschlossen oder gingen freiwillig und gründeten 1997 eine neue Bewegung namens „Al-haraka as-salafiyya" (die salafistische Bewegung) und gründeten einen neuen Hilfsverein Mubarra al-amal.[50]

Doch im Gegensatz zu ihrem alten Verein blieben nun Aktivitäten in der sozialen Ebene beschränkt und konnten die Bevölkerung nicht für sich gewinnen. Der Großteil der Salafisten fühlte sich weiterhin ihrem alten Verein mit all seinen Strukturen zugehörig. Auf parlamentarischer Ebene gelang der Abspaltung 2005 der Einzug ins Parlament durch eine neu gegründete Partei nur mit einem Sitz, während die Quietisten rund zehn

---

[50] Vgl. Bāl: *As-salafiya al-kuwaytiyya*, https://carnegieendowment.org/sada/?fa=55530&lang=ar, Zugriff: 19.09.2019.

Mal so viele Vertreter im Parlament hatten. Als Grund für das schlechte Abschneiden der neuen Bewegung um ʿAbd al-Raḥmān ʿAbd al Ḫāliq's Schüler Hākim al-Mutayrī, wird angeführt, dass sie programmatisch quasi ident waren wie jene der Muslimbrüderschaft, welche aber im Parlament eine der stärksten Kräfte bildet.

Trotz beschränkter Aktivitäten der politischen Salafisten blieb Kuwait für Salafisten (fast aller Richtungen) weltweit als ein Treffpunkt, in dem man sich mit Vertretern unterschiedlichster Strömungen austauschen konnte. Auch konnten politische Salafisten etwa durch eine Kooperation mit dem katarischen Salafisten-Verein Šayḫ ʿĪd b. Muḥammad Āl Ṯānī an internationalen Hilfsprojekten des *Mubarrat al-amal* Verein teilnehmen.

Unter Führung von ʿAbd Allāh as-Sabt wurden anderseits im „Verein für die Wiederbelebung des islamischen Erbguts" wie zu erwarten die Bücher von ʿAbd al-Raḥmān ʿAbd al Ḫāliq durch Werke herrschertreuer Gelehrte ersetzt. Im Parlament konzentrierte sich die Parteiarbeit, die sie nach der Trennung ʿAbd al-Raḥmān ʿAbd al Ḫāliq aus dem Verein nicht aufgegeben haben, für die Verwirklichung ihrer traditionell salafistischen Ziele, etwa die Befürwortung des Herrschers und Umsetzung des Alkoholverbots und Trennung der Geschlechter in der Öffentlichkeit. Der Verein wird auch wegen seiner Verbindungen zu Saudi-Arabien oft kritisiert und wird als eine Hand saudi-arabischer Nachrichtendienst in Kuwait betrachtet, wird interessanterweise aber auch von Madḫalisten kritisiert, weil der Verein zur Teilnahme an Wahlen aufruft.

Was die Verbindungen der Salafisten aller Ausrichtungen in Kuwait zu anderen salafistischen Bewegungen zum Ausland betrifft, so sind diese sehr stark ausgeprägt. Hier treten kuwaitischen Salafisten oft als finanzielle Unterstützer auf und nehmen in dieser Rolle auch Einfluss auf die Ausrichtung der jeweils von ihnen unterstützen Bewegungen und Parteien. So etwa im Libanon, wo ein gleichnamiger Verein („Verein für die Wiederbelebung des islamischen Erbguts") gegründet wurde und mit den kuwaitischen Fördergelder ihre salafistischen Lehren unter den syrischen Flüchtlingen verbreiten konnten. Allerdings war dieser Verein dort auch in Erklärungsnot, da er – entsprechend der madḫalistischen Lehre – die Teilnahme an regierungskritischen Protesten als nicht legitim erklärten.

Zu den relativ neuen Auslandsverbindungen zählt der Einsatz im syrischen Bürgerkrieg, wo sowohl politische Salafisten als auch Quietisten aus Kuwait tatkräftige Unterstützung für die bewaffnete sunnitische Opposition leisteten. Hier ging es vor allem darum die schiitisch iranischen Hegemoniepolitik zu bekämpfen, welche auch in Kuwait selbst spürbar geworden ist, da ein Teil der Bevölkerung sich zum Schiitentum bekennt und politisch immer aktiver in Erscheinung tritt.

Hier erkennt man die politische Verstrickung des vom Staate tolerierten Salafismus mit den jeweiligen Herrschern: Denn obwohl vor allem Quietisten, besonders während des Arabischen Frühlings, die Teilnahme an den Protesten als religiös verboten betrachteten, änderte sich diese Haltung in Syrien, womöglich, weil hier bereits ein offener Krieg entstand, aber auf jeden Fall auch deswegen, weil das sunnitische kuwaitische Herrscherhaus ein Übergreifen der schiitisch-iranischen Dominanz in der Region fürchtete. So war nun die Haltung der Quietisten jene, dass es sich beim syrischen Präsidenten um einen Anhänger einer vom Islam abgefallenen Sekte handelt und von daher die Unterstützung der sunnitischen Aufständischen eine Pflicht wird.

Daher konnten auch Führer kuwaitischer politische Salafisten offen – etwa an Freitagsansprachen oder TV-Auftritten – für die finanzielle Unterstützung der Sunniten in Syrien aufrufen. Es wurden auch nicht nur die syrischen Flüchtlinge etwa im Libanon oder in der Türkei unterstützt, sondern auch die bewaffnete Opposition. Entsprechend der unterschiedlichen Ausrichtungen der Salafisten, wurden unterschiedliche Fraktionen finanziell gefördert, etwa die Freie Syrische Armee, der al-Qāʿida-Ableger in Syrien Ǧabhat an-Nuṣra, als auch der Islamische Staat im Irak und in Syrien (ISIS)[51]. Am meisten erfreute sich großzügiger Spenden der von Quietisten aus Saudi-Arabien und Kuwait mitgegründete Rebellenmiliz Ǧayš al islām (Armee des Islam), da sie nicht nur gegen die syrische Regierung kämpfte, sondern ideologisch noch rigoroser gegen andere Salafisten und besonders gegen den IS stand.[52]

[51] Ob diese Unterstützung auch nach Ausrufung des Kalifats offen weitergeführt werden konnte ist mehr als fraglich.
[52] Vgl. Bāl: *As-salafiyya al-kuwaytiyya*, https://carnegieendowment.org/sada/?fa=55530&lang=ar, Zugriff: 19.09.2019.

5.2 ***Bahrain***

Der Inselstaat Bahrain mit seiner sunnitischen Monarchie unterscheidet sich von den anderen ebenfalls sunnitischen arabischen Monarchien am Golf durch den hohen Anteil an Schiiten, welche etwa zwei Drittel der Bevölkerung ausmachen.[53] Diese besondere Konstellation führt zu einem besonders angespannten Verhältnis zwischen politischer Obrigkeit und Bevölkerungsmehrheit. Das Herrscherhaus Āl Ḫalīfa wird von Iran beschuldigt die schiitische Bevölkerung zu unterdrücken und zu diskriminieren, anderseits wird Iran beschuldigt die schiitische Bevölkerung Bahrains gegen die sunnitische Herrschaft aufzuwiegeln.

Doch die angespannten Beziehungen haben ihre Wurzeln schon vor der Unabhängigkeit Bahrains (1971), als Iran schon im Jahr 1946 historischen Anspruch auf die Insel erhob, mit der Begründung, dass die dortige Bevölkerung aus Schiiten besteht und sie unter der sunnitischen Herrschaft leiden würden.

Als politische Provokation wurde seitens Bahrain auch der Umstand gewertet, dass daraufhin im iranischen Parlament jeweils zwei Abgeordnete saßen, welche das „14. Gouvernement von Iran“ vertraten, womit Bahrain gemeint war. Erst bei der Volkabstimmung im Jahr 1970, welche durch die Vereinigten Nationen durchgeführt wurde, als sich das bahrainische Volk mehrheitlich für die Unabhängigkeit Bahrains entschieden hat wurde das Ergebnis von Iran anerkannt.[54] Doch Iran verzichtete nie auf seine Schutzmachtrolle für die schiitische Bevölkerung in Bahrain und stellte somit für die Souveränität der sunnitischen Monarchie immer eine Gefahr dar. Diese Gefahr zeigte sich zuletzt während des Arabischen Frühlings, als Schiiten mit Forderungen nach Reformen auf die Straßen gingen. Die Staatsführung reagierte mit harter Hand und konnte nur durch Hilfe von Truppen und Polizeikräften aus Saudi-Arabien und den Vereinigten Arabischen Emiraten die Protestmärsche unterdrücken, welche verständlicherweise die dortige Herrschaft stabilisieren wollte.[55] Während dieser

---

[53] Vgl. O.V.: *Maʿa 'iqtirābi ʿāšūrā'*, https://alkhaleejonline.net/سياسة/مع-اقتراب-عاشوراء-ماذا-تعرف-عن-شيعة-البحرين؟, Zugriff: 18.09.2019.

[54] Vgl. Asʿad: *Al-baḥrayn muḥāfaẓa suʿūdiyya*, https://www.ida2at.com/bahrain-saudi-arabia-why-does-country-acceptdependency/amp, Zugriff: 18.09.2019.

[55] Vgl. Musharbash: *Revolte am Golf*, https://www.spiegel.de/politik/ausland/revolte-am-golf-arabische-staaten-schicken-truppen-nach-bahrain-a-750814.html, Zugriff: 19.09.2019.

Ereignisse standen alle sunnitischen Bewegungen, darunter auch Salafisten, wie üblich hinter dem ebenfalls sunnitischen Herrscher, da die Erfüllung der Forderungen von Schiiten um die Demokratie und Mitsprache in der Staatsführung einen enormen Einflussverlust für die Sunniten allgemein bedeuten würde. So ist zu verstehen, warum der Salafismus in Bahrain nicht wie in Saudi-Arabien oder in Kuwait in verschiedenen Richtungen und Grabenkämpfe auseinanderfällt, sondern in Angesicht der schiitischen Gefahr als eine einheitliche Bewegung dem sunnitischen Herrscher ihre Loyalität ausspricht.

Zurück zum Ursprung der salafistischen Bewegung in Bahrain kommen wir am Ende der 1970er Jahre an, wo eine Gruppe junger Bahrainer, beeindruckt vom Salafismus, die Literatur der salafistischen Ideologie in Bahrain verteilten. 1978 wurde ein Verein gegründet[56] und Anfang der 1990er Jahre wurde eine Vereinigung mit einem Verein von Muslimbrüder versucht, um sich gegen die schiitische Gefahr zu verbünden. Daraus wurde jedoch nichts, da die Muslimbrüder mit dieser Vereinigung und dem salafistischen Gedankengut nichts anzufangen wussten und aus deren damaliger Sicht der geistige Graben zwischen Sunniten und Schiiten sowieso überwunden werden muss. Der Salafisten-Verein setzte danach seinen Weg als Hilfs- und Bildungsverein fort und verpflichtet sich für die Verbreitung der salafistischen Ideologie auf allen gesellschaftlichen Ebenen in Bahrain. 2002 wurde schließlich die Partei al-Aṣāla gegründet, deren Ziel der Schutz der arabisch islamischen Identität des Landes und der Kampf für die Umsetzung der islamischen Gebote und Verbote war. Obmann dieser Partei wurde ʿĀdil al-Muʿāwada (geb. 1960) der auch als wichtigste Führer der salafistischen Bewegung in Bahrain gilt. Während der schiitischen Proteste im Land ging die Partei mit anderen sunnitischen Gruppen im Parlament wie Muslimbrüderschaft aber auch Liberale ein Bündnis[57] ein – als Gegengewicht gegen den gemeinsamen Feind Iran und gegen die schiitische Opposition im Lande.

Ein weiterer Punkt, welcher die Gegensätze zwischen Schiiten und Sunniten in Bahrain offenlegte war der Syrienkrieg. Die bahrainischen Salafisten unterstützten wie auch die saudischen oder kuwaitischen Salafisten auch, offen die syrische Opposition. Im Jahr

---

56 جمعية التربية الإسلامية – *„ǧamiyyatu ttarbiyya l-'islamiyya"*

57 تجمع الوحدة الوطنية - *„Taǧammuʿ al-waḥda al-waṭaniyya"*

2012 besuchte ʿĀdil al-Muʿāwada Syrien und posierte mit Kämpfern der Freien Syrischen Armee vor die Kameras.[58] Als herrschertreuer Salafist war seine Haltung gegenüber dem „Islamischen Staat“ (IS) naturgemäß feindlich und betrachtete ISIS als verlängerten Arm der USA in der Region. In Bahrain selbst ging der Staat hart gegen Anhänger des IS vor, vor allem nachdem dort propagandistische IS-Aktivitäten zu beobachten waren.[59] Der IS seinerseits sparte auch nicht mit Kritik gegen die bahrainische Führung und ihrer Hofgelehrten, betrachtete diese als vom Islam Abgefallene und ruf zum Aufstand gegen sie auf – zum sunnitischen Aufstand wohlgemerkt.[60]

5.3 __Katar__

Neben Āl Saʿūd in Saudi-Arabien ist auch das katarische Herrscherhaus Āl Ṯānī vom Wahhabismus geprägt und folgt ebenso die ḥanbalitische Rechtschule. Katar ist somit der einzige Staat neben Saudi-Arabien, welches den Wahhabismus als Staatsreligion bzw. als offizielle religiöse Ausrichtung angenommen hat.

Somit unterscheiden beide Staaten sich von den anderen Golfstaaten wie Kuwait, Bahrain und den Vereinigte Arabischen Emiraten, die die mālikitische Rechtschule folgen und sich zu keiner besonderen Strömung im Islams bekennen, außer, dass sie Sunniten sind. Die Āl Ṯānī stammen ursprünglich aus Naǧd und gehören mit Muḥammad b. ʿAbd al-Wahhāb zum gleichen arabischen Stamm Banū Tamīm. Auf diese Verwandtschaft ist man in Katar stolz und benannte nach ihn daher die größte Moschee des Landes, die 2011 von damaligen Emir Ḥamad b. Ḫalīfa Āl Ṯānī in Doha eröffnet wurde. Bei seiner Rede erwähnt der Emir, dass der Gründer des Emirats Katar Ǧāsim b. Muḥammad Āl Ṯānī (1825-1913) als Gelehrter und Herrscher den Aufruf von Muḥammad b. ʿAbd al-Wahhāb angenommen hat und sich für die Verbreitung diese

[58] Vgl. O. V.: *Bi ṣ-ṣuwar .. nawwāb min al-baḥrayn*, https://www.almjhar.com/ar-sy/NewsView/2212/46790/بالصور_نواب_من_البحرين_يجتمعون_مع_عناصر_الجيش_الحر_داخل_سوريا.aspx, Zugriff: 17.09.2019.
[59] Vgl. al-Hadīb: *Ra'īsu l-'amni l-ʿāmi l-baḥraynī*, http://www.alhayat.com/article/582309/دوليات/المدينة-المنورة/رئيس-الأمن-العا□-البحريني-ل-الحياة-عيوننا-على-المنضمين-إلى-الإرهابيين, Zugriff: 18.09.2019.
[60] Vgl. O.V.:*“Ad-Dawla al-'islāmiyya“ tuhaddidu*, https://thenewkhalij.news/article/4038,-الدولة-الإسلامية-تهدد-البحرين-من-الداخل, Zugriff: 19.09.2019.

Lehre vom Islam im In- und Ausland bemüht hat. Auch solle diese Moschee als Zentrum für die Verbreitung der wahhabitischen Reformbewegung dienen.[61]

Auch die Emire nach Ǧāsim b. Muḥammad Āl Ṯānī legten Wert auf die Verbreitung des wahhabitischen Gedankenguts und pflegten daher besonders gute Kontakte zum benachbarten großen Bruder Saudi-Arabien. Dementsprechend fragte Emir ʿAbd Allāh b. Ǧāsim Āl Ṯānī (1888-1957) den saudischen König ʿAbd al-ʿAzīz b. Saʿūd (1875-1953) nach Gelehrten, welche offene Stellen in den Bereichen Gerichtswesen, Bildung und Religiöse Angelegenheiten, besetzen könnten. So kam unter anderem der salafistische Gelehrte Muḥammad b. bin ʿAbd al-ʿAzīz al-Māniʿ (1882-1965) aus Saudi-Arabien nach Katar und war 33 Jahre lang in verschieden Bereichen zwischen Gerichtswesen, Bildung und Moscheepredigt aktiv.[62] Ebenso kam später ʿAbd Allāh b. Zayd Āl Maḥmūd (1911-1997) um nach Muḥammad al-Māniʿ das katarische Gerichtswesen und die religiöse Angelegenheiten zu übernehmen. Beide spielten bei der Entstehung des katarischen Lehrplans eine große Rolle und gelten als wichtige Instanzen, nach denen sich katarische Salafisten, meist Quietisten, orientieren.[63]

Das Verhältnis zwischen Katar und Saudi-Arabien wurde jedoch durch politische Maßnahmen in Katar getrübt. Besonders nachdem Ḥamad b. Ḫalīfa Āl Ṯānī sich den Muslimbrüdern und anderen islamischen Strömungen angenähert hat, war die Aufrichtigkeit der wahhabitischen Identität Katars durch saudische Gelehrte und auch der Staatsführung in Frage gestellt, da sich jene Strömungen mit den Ansichten des Salafismus widersprachen.

Verstärkt wurde der Riss als unter Ḥamad und später auch unter seinem Sohn und jetzigen Emir Tamīm auf dem TV-Sender Aljazeera, der in Katar beheimatet ist, Muslimbrüden und dschihadistischen Gruppen Auftritte in Form von Interviews gewährt wurde und sie damit ein weltweites Publikum erreichen konnten. Auch fanden bekannte Muslimbrüder oder Familien von Dschihadisten in Katar Unterschlupf bzw. bekamen die Möglichkeit dort ihre Aktivitäten weiterzuführen. Wie auch immer die

[61] Vgl. Āl Ṯānī, Ḥamad b. Ḫalīfa: *Kalimatu sumuwwihi*, https://www.diwan.gov.qa/briefing-room/speeches-and-remarks/2011/dec/16/opening-of-imam-mohammad-ibn-abdul-wahhab-mosque, Zugriff: 20.09.2019.
[62] Vgl. al-ʿŪaīyn: *Limāḏa inqalabat qaṭar*, http://www.al-jazirah.com/2017/20170612/ln38.htm, Zugriff: 20.09.2019.
[63] Vgl. as-Salafī al-qaṭarī: *Risālatuna*, http://qatarsalafi.com/?page_id=116, Zugriff: 20.09.2019.

Hintergründe für eine solche Politik sind, vertritt Katar als Staat einen gemäßigten pragmatischen Salafismus, der seine Beziehung zu anderen islamischen Richtungen nicht auf die ideologische Waagschale wirft wie im Falle Saudi-Arabien.

Was die Verbreitung der salafistischen Lehre innerhalb Katars betrifft, so spielen Vereine, wie wir sie von den anderen kleinen Golfstaaten kennen, in Katar keine wichtige Rolle, weil der Staat selbst diese Aufgabe übernimmt.

Jedoch spielen zwei Hilfsvereine eine Rolle bei der Unterstützung salafistischer Organisationen im Ausland: Die Vereine Šayḫ ʿĪd b. Muḥammad Āl Ṯānī und Qatar Charity. Den beiden Vereinen wird daher auch die Unterstützung von islamistischen Gruppen in Europa, Asien und Afrika vorgeworfen.[64] So wurde als Beispiel im Kosovo im Jahr 2018 die Aktivitäten des Vereins Šayḫ ʿĪd b. Muḥammad Āl Ṯānī eingestellt, mit dem Verdacht der Unterstützung radikaler Strömungen im Kosovo.[65] In Kuwait kooperiert der gleiche Verein mit dem kuwaitischen Verein des politischen Salafismus[66] Mubarra al-'amal sowohl bei internationalen Hilfsprojekten als auch bei der Unterstützung der syrischen Rebellen.[67]

Was den politisch aktiven Salafismus betrifft, so gibt es in Katar keine offiziellen politischen Bewegungen bzw. konnte bis jetzt in Katar nicht existieren, weil politische Parteien verboten sind und ein Parlamentssystem gar nicht vorhanden ist.

[64] Vgl. O. V.: *Ḫabīr hūlandī*, http://tunisie-telegraph.com/2019/02/04/خبير-هولندي-في-مجال-الارهاب-يكشف-عن-حقي-69003, Zugriff: 20.09.2019.
[65] Vgl. O. V.: *Kūsūfū tawaqqafa ʿamal*, https://www.skynewsarabia.com/world/1180756-كوسوفو--توقف-عمل-قطر-الخيرية, Zugriff: 20.09.2019.
[66] Vgl. Bāl: *As-salafiyya al-kuwaytiyya*, https://carnegieendowment.org/sada/?fa=55530&lang=ar, Zugriff: 19.09.2019.
[67] Vgl. al-Hadīb: *„al-Qāʿida" wa „an-nuṣra" wa "dāʿiš"*, http://www.alhayat.com/article/923337/سياسة/مكة-المكرمة/-القاعدة-و-النصرة-و-داعش-على-لائحة-قطرية-للإرهاب, Zugriff: 20.09.2019.

6 Schlusswort

Obwohl Āl Ṣabāḥ in Kuwait und Āl Ḫalīfa in Bahrain Ende des 18. und Anfang des 19. Jahrhunderts gegen die Verbreitung des Salafismus in ihren Ländern kämpften und die Annahme des Wahhabismus als Unterwerfung unter Āl Saʿūd betrachteten, unterstützten sie ihn ab der zweiten Hälfte des 20. Jahrhunderts gegen den wachsenden Einfluss von Muslimbrüderschaft und Schiiten in ihren Ländern. Der Salafismus verbreitete einerseits den Gedanken, dass man dem Herrscher loyal sein muss, andererseits, wurde er als Konkurrent gegenüber anderen islamischen Bewegungen wie Muslimbrüderschaft betrachtet, die beeinflusst von der Kraft der islamischen Revolution in Iran an Selbstvertrauen gewannen und eine Gefahr für die Monarchien darstellte.

Katar wiederum als zweiter wahhabitischer Staat in der Region versucht mit seiner offeneren Haltung mit möglichst vielen islamischen Bewegungen weltweit gute Kontakte aufzubauen ohne auf ihre wahhabitische Identität zu verzichten und konkurriert somit mit Saudi-Arabien, welche gerne die Führung aller Sunniten weltweit übernehmen möchte. Weltweit gilt Katar als der größte Unterstützer von Salafisten verschiedener Richtung, während die saudische Politik bevorzugt die quietistischen Salafisten unterstützt. Durch diese staatlichen und privaten Unterstützungen an Salafisten werde salafistische Gruppen in vielen Ländern effektiv und können neben Saudi-Arabien salafistische Zentren weltweit verbreiten. Die Rolle des Finanziers scheinen die Salafisten der Golfstaaten noch längere Zeit zu spielen, zumindest solange wahhabitische Ideologen und Staatsführungen den Salafismus als Gegengewicht für vermeintliche Gegner wie Muslimbrüder oder Schiiten benötigen. Dort wo Salafismus die eigene Herrschaft in Frage stellt oder gar bedroht, wird er gnadenlos bekämpft, wie wir es in den Beispielen aus Saudi-Arabien gesehen haben und wie es auch derzeit der Fall ist.

7 Quellen und Literatur

Āl Ṯānī, Ḥamad b. Ḫalīfa: „Kalimatu sumuwwihi fī ’iftitāḥi masǧidi l-’imām Muḥammad b. ʿAbd al-Wahhāb.“ In *al-Dīwān al-amīrī. Dawlat Qaṭar*, 16.12.2011, https://www.diwan.gov.qa/briefing-room/speeches-and-remarks/2011/dec/16/opening-of-imam-mohammad-ibn-abdul-wahhab-mosque, Zugriff: 20.09.2019.

Asʿad, Karīm: „Al-baḥrayn muḥāfaẓa suʿudiyya: limāḏa tuqbal dawla bi t-tabʿiyya?“ In *Iḍā’āt*, 04.07.2018, https://www.ida2at.com/bahrain-saudi-arabia-why-does-country-accept-dependency/, Zugriff: 18.09.2019.

Bāl, Sulṭān: „As-salafiya al-kuwaytiyya wa nufūḏihā al-mutanāmī fī bilādi š-šām.“ In *Sada*, 7. Mai 2014, https://carnegieendowment.org/sada/?fa=55530&lang=ar, Zugriff: 19.09.2019.

Bin Bāz, ‘Abdulazīz: „Ḥukmu t-taškīki bi-ša’ni l-’isti‘ānati bi-ġayri l-muslimīna fī qitāli ṭāġiyyati l-‘irāqi.“: https://binbaz.org.sa/fatwas/1568/حكم-التشكيك-بشان-الاستعانة-بغير-المسلمين-في-قتال-طاغية-العراق, Zugriff: 10.10.2019.
Bin Bāz, ‘Abdulazīz: „ṣiḥḥatu l-maḏāhibi l-’arbaʿati wa tārīḫu naš’atihā.“: https://binbaz.org.sa/fatwas/6967/صحة-المذاهب-الاربعة-وتاريخ-نشاتها, Zugriff: 09.09.2019.
Büyükkara, Mehmet Ali. 2004. „11 Eylül'le Derinleşen Ayrilik: Suudî Selefiyye ve Cihadî Selefiyye.“ *Dini Araştirmalar*, Cilt 7 - Sayı 20, 205-234.

Büyükkara, Mehmet Ali. „Suudi Arabistan'da Sahva Şeyhlerinin tutuklanmasi ne anlama geliyor?“ In: *Anadolu Ajansı*, 15.09.2017, https://www.aa.com.tr/tr/analiz-haber/suudi-arabistanda-sahve-seyhlerinin-tutuklanmasi-ne-anlama-geliyor/911197, Zugriff: 10.09.2019.

Gharaibeh, Mohammed: „Wahhabiten und Salafisten: Gleiche Basis – unterschiedlich Mitteln.“ In *Deutsche Welle*, 18. Dezember 2013, https://www.dw.com/de/wahhabiten-und-salafisten-gleiche-basis-unterschiedliche-mittel/a-17304769, Zugriff: 09.09.2019.

al-Hadīb, Munīra: „Ra’īs al-’amn al-ʿām al-baḥraynī li l-ḥayāt: ʿuyūnunā ʿalā al-munḍammīn ’ilā l-’irhābiyyīn.“ In *Al-Hayat*, 30.06.2014, http://www.alhayat.com/article/582309/دوليات/المدينة-المنورة/رئيس-الأمن-العا□-البحريني-ل-الحياة-عيوننا-على-المنضمين-إلى-الإرهابيين, Zugriff: 18.09.2019.

al-Hadīb, Munīra: „“al-Qāʿida“ wa „an-nuṣra“ wa “dāʿiš“ ʿalā lāʾiḥa qaṭariyya li l-ʾirhāb.“ In *Al-Hayat*, 22.03.2018, http://www.alhayat.com/article/923337/سياسة/مكة-المكرمة/-القاعدة-و-النصرة-و-داعش-على-لائحة-قطرية-للإرهاب, Zugriff: 20.09.2019.

Hafez, Farid. 2015. *Islamisch-politische Denker: Eine Einführung in die islamisch-politische Ideengeschichte*. 2. überarbeitete Auflage. Frankfurt am Main: Peter Lang Edition.

Ibrāhīm, Fu‘ād. 2009. *as-Salafiyya al-ǧihādiyya fī s-su‘ūdiyya*. Beirut: Dār as-Sāqī.

International Crisis Group: „Addressing the Rise of Libya's Madkhali-Salafis." In *Middle East and North Africa Report*, Nb. 200, 25. April 2019: https://www.crisisgroup.org/middle-east-north-africa/north-africa/libya/addressing-rise-libyas-madkhali-salafis, Zugriff: 19.09.2019.

Kurşun, Zekeriya. 1998. *Necid ve Ahsa'da Osmanli Hâkimiyeti: Vehhabî Hareketi ve Suud Devleti'nin Ortaya Çıkışı*. Ankara: Türk tarih kurumu.

Lohlker, Rüdiger. 2014. „Salafismus als Teil der Globalgeschichte." In *Salafismus in Deutschland: Ursprünge und Gefahren einer islamisch-fundamentalistischen Bewegung*. Hrsg. von Thorsten Gerald Scheiders. Bielefeld: transcript Verlag, 137-147.

al-Munağğid, Muḥammad Ṣāliḥ (Hrsg.): „Ḥukmu d-dīmuqrāṭiyya wa l-ʾintiḫābāt fi l-ʾislām wa l-ʿamal fī ʾanẓimatihā", 02.02.2008: https://islamqa.info/ar/answers/107166/حكم-الديمقراطية-والانتخابات-والعمل-في-انظمتها, Zugriff: 09.09.2019.

Murtaza, Sameer Muhammad: „Mohammeds Erben: Was ist der Salafismus – und warum wurde er zu einer gewalttägigen Ideologie?" In *Die Zeit*, 21. Juni 2012, https://www.zeit.de/autoren/S/Muhammad_Sameer-Murtaza/index, Zugriff: 08.09.2019.

Musharbash, Yassin: „Revolte am Golf: Arabische Staaten schicken Truppen nach Bahrain." In *Spiegel Online*, 14.03.2011, https://www.spiegel.de/politik/ausland/revolte-am-golf-arabische-staaten-schicken-truppen-nach-bahrain-a-750814.html, Zugriff: 19.09.2019.

O. V. „Bi ṣ-ṣuwar .. nawwābun min al-baḥrayn yağtamiʿūna maʿa ʿanāṣir min „al-ğayš al-ḥurr" dāḫil ṣūriya." In *Mu'assat taḥt al-miğhar*, 06.08.2012, https://www.almjhar.com/ar-sy/NewsView/2212/46790/بالصور_نواب_من_البحرين_يجتمعون_مع_عناصر_الجيش_الحر_داخل_سوريا.aspx, Zugriff: 17.09.2019.

O.V.: „"Ad-dawla al-ʾislāmiyya" tuhaddidu al-baḥrayna mina d-dāḫil." In *Al-Ḫalīğ al-ğadīd*, 15.10.2014, https://thenewkhalij.news/article/4038,-الدولة-الإسلامية-تهدد-البحرين-من-الداخل, Zugriff: 19.09.2019.

O.V. *Ad-dawla as-su'ūdiyya al-ʾūlā* (1157-1233h) (1744-1818m): http://www.mokatel.com/openshare/Behoth/Atrikia51/Saudia1/sec06.doc_cvt.htm, Zugriff: 12.09.2019.

O.V. 2018. „Šaḥwatu s-sayṭarati: limāḏa ḥāwala s-su'ūdiyyūna iḥtilāla 'umān?": https://midan.aljazeera.net/intellect/history/2018/9/25/شهوة-السيطرة-لماذا-حاول-السعوديون-احتلال-عمان, Zugriff 12.09.2019.

O. V.: „Kūsūfū tawaqqafa ʿamal “qaṭar al-ḫaīyrīya”.” In *sky news ʿarabīya*, 09.09.2018, https://www.skynewsarabia.com/world/1180756- كوسوفو-توقف-عمل-قطر-الخيرية, Zugriff: 20.09.2019.

O. V. „ʿAqīdatu ʾahlu s-sunnati wa l-ğamāʿa“: http://www.saaid.net/feraq/mthahb/0.htm, Zugriff: 09.09.2019.

O. V.: „Ḫabīr hūlandī fī mağāli l-ʾirhābi yakšifu ʿan ḥaqīqati munaẓẓamāt qaṭar al-ḫayriyya.“ In *Tunisie Telegraph*, 04.02.2019, http://tunisie-telegraph.com/2019/02/04/69003-خبير-هولندي-في-مجال-الارهاب-يكشف-عن-حقي, Zugriff: 20.09.2019.

O.V. „Maʿa ʾiqtirāb ʿāšūrāʿ.. māḏā taʿrifu ʿan šīʿati l-baḥrayn?“ In *al khaleej online*, 04.09.2019, https://alkhaleejonline.net/سياسة/مع-اقتراب-عاشوراء-ماذا-تعرف-عن-شيعة-البحرين؟, Zugriff: 18.09.2019.

Onat, Hasan. 2014. „İslâm Ortak Paydasını Kaybetmiş Müslümanların Açmazı: Şi'î-Selefî Kutuplaşması.“ In *Tarihte ve Günümüzde Selefîlik. Milletlerarası Tartışmalı İlmî Toplantı 08-10 Kasım 2013*. Hrsg. von Ismail Kurt und Seyit Ali Tüz. Istanbul: Ensar neşriyat, 525-551.

Özervarli, Mehmet Sait. 2009. „Selefiyye: İtikadî konularda Kur'an ve Sünnet'in lafzına bağlı olan ve te'vili kabul etmeyen ekol.“ In *Türkiye Diyanet Vakfı İslâm Ansiklopedisi*. Band 36. Hrsg. von Bekir Topaloğlu. İstanbul: Diyanet Vakfı, 399-402.

as-Salafī al-qaṭarī: „Risālatuna”, http://qatarsalafi.com/?page_id=116, Zugriff: 20.09.2019.

al-ʿŪaīyn, Muḥammad ʿAbd Allāh: „Limāḏa inqalabat qaṭar min as-salafiyya ilā al-iḫwāniyya?” In *Al-Jazirah*, 12.06.2017, http://www.al-jazirah.com/2017/20170612/ln38.htm, Zugriff: 20.09.2019.

Wagemakers, Joas. 2014. „Salafistische Strömungen und ihre Sicht auf *al-walāʾ wa-l-barāʾ* (Loyalität und Lossagung).“ In *Salafismus: Auf der Suche nach dem wahren Islam*. Hrsg. von T. Said Behnam und Fouad Hasim. 2. erweiterte und verbesserte Auflage. Freiburg im Breisgau: Verlag Herder, 55-79.

az-Zaydī, Mufīd. 2012. *Aṭ-ṭayyārāt as-siyāsiyya wa l-fikryya fī l-ḫalīğ al-ʿarabī (1971-2003)*. Beirut: Muntadā al-maʿārif.